¡GATOS SALVAJES!
DE NORTE AMÉRICA

EL LINCE ROJO

Por Jalma Barrett
Fotografías por Larry Allan

BLACKBIRCH® PRESS

THOMSON
GALE

San Diego • Detroit • New York • San Francisco • Cleveland • New Haven, Conn. • Waterville, Maine • London • Munich

© 2002 by Blackbirch Press™. Blackbirch Press™ is an imprint of The Gale Group, Inc., a division of Thomson Learning, Inc.

Blackbirch Press™ and Thomson Learning™ are trademarks used herein under license.

For more information, contact
The Gale Group, Inc.
27500 Drake Rd.
Farmington Hills, MI 48331-3535
Or you can visit our Internet site at http://www.gale.com

ALL RIGHTS RESERVED
No part of this work covered by the copyright hereon may be reproduced or used in any form or by any means—graphic, electronic, or mechanical, including photocopying, recording, taping, Web distribution or information storage retrieval systems—without the written permission of the publisher.

Every effort has been made to trace the owners of copyrighted material.

Photo Credits: All images © Larry Allan.

LIBRARY OF CONGRESS CATALOGING-IN-PUBLICATION DATA

Barrett, Jalma.
  [Bobcat. Spanish]
  El Lince Rojo/text by Jalma Barrett : photographs by Larry Allan
      p. cm. — (Gatos Salvajes de Norte America)
  Includes bibliographical references (pg. 24) and index.
  Summary: Describes the bobcat and its natural habitat, including physical traits, social life, survival instincts, birth and development, and interaction with humans.
  ISBN 1-41030-010-2 (lib. bdg. : alk. paper)
  1. Bobcat — Juvenile literature. [1. Bobcat.] I. Allan, Larry, ill. II. Title. III. Series: Barrett, Jalma. Wildcats of North America.

QL737.C23B2659   2003
599.75'31 —dc21

Printed in United States
10 9 8 7 6 5 4 3 2

Contenido

Introducción—El lince rojo 4

Cuerpo del lince rojo 6

Características especiales 9

Vida social 10

Cazadores expertos 12

Alimentación 14

Apareamiento 17

Gatitos 18

El lince rojo y el hombre 22

Glosario 24

Para más información 24

Índice 24

Introducción—El lince rojo

Si fueras un gran gato salvaje y vives en Norte América, seguramente serías un lince rojo. El lince rojo ("bobcat" en Íngles) es la especie más común de gatos salvajes en Norte América — y sólo habita en este continente, en el sur de Canadá, en los Estados Unidos (excepto en las praderas) y en áreas de México. El lince rojo se encuentra más comúnmente en el lejano oeste de los Estados Unidos — especialmente en California, Idaho, Utah, Nevada, Montana, Wyoming, Washington, Oregon y ¡también en New Jersey!

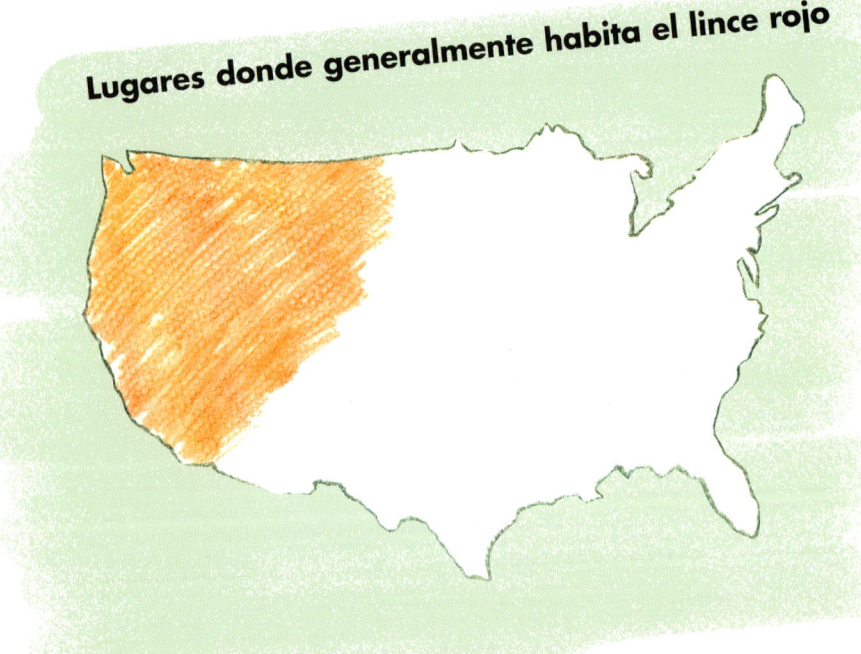

Lugares donde generalmente habita el lince rojo

El lince rojo vive en cañones, bosques, áreas de espesos arbustos y pantanos. Habita en cualquier parte que encuentre mucha comida y una guarida donde esconderse.

Prefiere el campo cubierto de maleza o los bosques, pero también le gustan las áreas áridas rocosas o con matorrales, como el sudoeste de los Estados Unidos.

El lince rojo es el gato salvaje más común de Norte América.

El cuerpo del lince rojo

El lince rojo tiene una cola corta (*recortada*) de aproximadamente 6 pulgadas (15 cm) de largo. Su color es pardo rojizo (marrón amarillento o dorado), pero se vuelve más gris en invierno. Tiene manchas y rayas o franjas en su pelaje. Sus patas anteriores tienen a menudo franjas oscuras o negras. La mayoría de estos linces rojos pesa casi 38 libras (17 kilogramos), más de tres veces el peso de un gato doméstico normal. Tiene entre 18 y 26 pulgadas (45 y 66 cm) de altura al nivel de los hombros, casi el doble de la altura promedio de un gato doméstico.

En ciertas áreas, el lince rojo tiene unos mechones de pelo en el extremo de sus orejas.

El lince rojo generalmente es marrón amarillento o gris.

El lince rojo se distingue por su cola corta y recortada.

En otras áreas, el lince rojo tiene en las orejas mechones pequeños difícilmente visibles. El lince rojo tiene *patillas*, penachos de pelo muy largo en ambos lados de su cara. ¡Pareciera que el lince rojo usara una corbata de moño grande! Sus patas parecen largas en relación con el tamaño del cuerpo. Al igual que el gato doméstico, el lince rojo puede nadar, pero tampoco le gusta.

Características especiales

La mayoría de los gatos salvajes tienen mal sentido del olfato. No rastrean a su presa con el olfato; en cambio, para cazar dependen de su aguda vista y excelente oído. Los ojos de los gatos juntan luz y la vuelven a reflejar, entonces los gatos tienen una excelente visión nocturna. ¿Alguna vez has visto "brillar" los ojos de algún gato en la oscuridad cuando reflejaban la luz de los faros de un auto? Este es un ejemplo del funcionamiento de este tipo especial de ojos.

Las orejas del lince rojo se mueven menos que las de tu gato doméstico preferido — es decir que sus orejas giran menos. El lince rojo tiene sus orejas erguidas e inclinadas hacia delante y sólo las baja hacia atrás cuando está enojado. Al escuchar algún sonido, gira la cabeza para mirar y escuchar mejor y así obtiene información mediante sus dos sentidos más agudos a la misma vez.

El lince rojo baja las orejas hacia atrás cuando está enojado.

Vida social

Al lince rojo lo vemos acompañado sólo en la época de celo. Prefiere vivir solo. Cada gato tiene su territorio bien delimitado. Marca su territorio orinando los árboles o con heces (excremento). A veces araña el suelo con sus garras para tapar sus heces, dejando su territorio aún más marcado. Todos los gatos necesitan algo para arañar. El lince rojo araña los árboles dejando así también su olor. También tiene una glándula odorífera anal debajo de la base de la cola que usa para marcar su territorio con su olor.

El lince rojo prefiere vivir solo.

El lince rojo marca ciertos árboles en su territorio arañándolos.

Otros linces rojos reconocen el olor que les "informa" que hay un lince rojo que vive en ese territorio. Su territorio consiste en senderos, guarida y lugares de descanso. El lince rojo es más activo en la noche. Después de cazar y comer, le es gusta pasar el tiempo descansando. Si bien es un trepador experto, no pasa mucho tiempo en los árboles. De vez en cuando descansa en las ramas más bajas de algún árbol o en una roca grande.

Cazadores expertos

El lince rojo caza con paciencia y astucia. Se desplaza agachado sigilosamente —*acecha*— escondiéndose detrás de los arbustos y rocas. Luego, cuando está cerca de su presa ataca repentinamente. Si el animal se escapa, el lince rojo lo perseguirá. Su largo alcance y grandes garras le permiten lanzarse sobre su presa y derriba a su víctima mordiéndole la garganta, la base del cráneo o el pecho.

El lince rojo caza mientras recorre su territorio. Para poder acechar a su presa, ha aprendido a desplazarse silenciosamente. Su excelente vista le permite saber donde pisar con las garras delanteras sin hacer ruido. Las garras traseras las apoya en el mismo lugar que pisó con las garras delanteras para desplazarse sin hacer ningún ruido, para no advertirle a la presa que está cerca.

El lince rojo descansa entre las rocas, matorrales o en algún otro escondite durante el día. A veces se esconde al lado de

Parte de la caza consiste en esconderse detrás de matorrales y rocas.

Recuadro y arriba: Al acechar a su presa, el lince rojo debe desplazarse lentamente, permanecer cerca del suelo y acercarse lo más posible antes de lanzársele encima.

algún sendero a la espera de que pase saltando alguna comida. Este tipo de caza se llama *emboscada*. En invierno, sabemos que el lince rojo espera en un sólo lugar durante tanto tiempo, que en la nieve quedan montoncitos congelados de su pelo. A estos lugares se los llama *bases de caza*.

Alimentación

En lince rojo en una base de caza.

La comida preferida del lince rojo es la liebre americana (en el norte de EE.UU.) o el conejo de cola blanca (en el este de EE.UU.). Los *colmillos* (cuatro dientes puntiagudos, largos y filosos) están perfectamente espaciados para separar las *vértebras* (huesos en la columna vertebral) de su presa preferida. El lince rojo también come otros animales — incluso murciélagos. Le gustan las comadrejas, topos, musarañas, mapaches, gatos domésticos, cervatos, marmotas, zorros, puercoespines, zorrinos, pájaros y reptiles.

El lince rojo puede *ayunar* (permanecer sin comer por un largo período de tiempo) cuando no hay comida disponible. También *alija* (esconde) las presas más grandes, como un ciervo que no ha terminado de comer. Luego regresa a su alijo. Las presas más pequeñas, como los conejos, generalmente las come de una sola vez. Come mucho cuando abunda la comida, en caso de que las provisiones de comida se agoten de repente.

No siempre caza la presa que acecha. Tal vez salga y aceche algo de 6 a 10 veces antes de cazar su presa.

Si la comida escasea, come animales muertos que encuentra por ahí (*carroña*). Esta carroña generalmente consiste en animales que murieron por culpa de algún auto o cazadores.

La población de linces rojos es fuerte y estable como resultado de su capacidad de alimentarse con una gran variedad de presas y de vivir en una gran variedad de hábitats.

Comiendo un conejo de cola blanca.

Apareamiento

Los linces rojos de más de dos años se aparean en febrero o marzo. Las hembras generalmente se aparean cada dos años. En algunas áreas del sur de los Estados Unidos, han habido casos de dos camadas de crías en una año. El lince rojo también descansa o se refugia en lugares protegidos, como cuevas, troncos huecos y áreas rocosas.

La guarida maternal (para tener la cría) tiene un nido de hojas y otra vegetación seca, que las otras guaridas no tienen. Más de un macho querrá aparearse con una hembra pero sólo el macho *dominante* (el más fuerte) lo logrará. La pareja puede aparearse varias veces después del cortejo, que consiste en una serie de persecuciones y emboscadas. La hembra también puede aparearse con otros machos.

A los linces rojos sólo se los ve acompañados durante la época de celo.

Gatitos

Nacen de dos a cuatro gatitos de lince rojo a fines de abril o principio de mayo, generalmente 62 días después de que sus padres se aparean. Las camadas pueden ser de un sólo gatito o hasta 7. Los gatitos nacen muy peludos y manchados, pero son bastante indefensos. Cuando tienen 1 mes, los gatitos comienzan a explorar y a jugar cerca de su guarida. A los dos meses se destetan (dejan de amamantar). En otoño, cuando tienen 5 o 6 meses, los gatitos ya cazan por sí solos, pero permanecen con su madre durante casi un año.

El lince rojo macho no ayuda a criar a sus gatitos. La madre hace todo

Izquierda: Los gatitos son peludos y indefensos.
Lado opuesto: Los gatitos generalmente dejan de amamantar cuando tienen 2 meses.

el trabajo—los limpia, alimenta, protege y les enseña hasta que llegan a tener casi su tamaño.

Los gatitos están muy bien protegidos por su mamá, pero todavía corren peligro. Algunos depredadores como los zorros, búhos y hasta machos de su especie pueden alimentarse de los cachorros del lince rojo.

Entre las 4 y 6 semanas, los gatitos ya exploran por su cuenta.

Dos linces

A menudo al lince rojo se lo confunde con su "primo" cercano el lince canadiense porque los dos tienen colas cortas. En realidad, la cola del lince canadiense mide generalmente entre 2 y 6 pulgadas (5 a 15 cm) de largo y la del lince rojo entre 4 y 7 pulgadas (10 a 18 cm) de largo. Al verlos es difícil diferenciarlos por el largo de la cola, pero la del lince rojo tiene distintos colores; es negra arriba pero no abajo y la del lince canadiense tiene la punta negra (por arriba y por abajo). El lince canadiense puede pesar más de 80 libras (36 kg) casi el doble que el lince rojo, pero muchos pueden ser de menor tamaño. También tienen otras diferencias. El lince rojo es más marrón y tiene franjas oscuras en sus patas delanteras. El lince canadiense tiene mechones largos en las orejas mientras que el lince rojo los tiene cortos. El lince canadiense es más grisáceo y tiene un pelaje más largo que el lince rojo. El lince canadiense también tiene garras más grandes y patas más largas que el lince rojo.

El lince rojo produce sonidos parecidos a los de un gato doméstico. Los aullidos del lince rojo pueden ser muy penetrantes. Frente a una amenaza el lince rojo emite un sonido tipo *tos y ladrido* desde la profundidad de su garganta. También muestra los dientes de manera amenazante. Al igual que los gatos domésticos, el lince rojo aúlla más fuerte y más seguido durante la época de celo. El lince rojo también ronronea, igual que los amigos felinos que tal vez conozcas.

En su hábitat natural, el lince rojo generalmente no alcanza a vivir 10 años, pero en *cautiverio* llega a vivir el doble o triple de años (en zoológicos).

El lince rojo y el hombre

En la mayoría de los estados el lince rojo está protegido por leyes, pero el hombre sigue siendo su peor enemigo. A veces la gente lo caza por "diversión" o por "deporte". Los automóviles también matan a muchos linces rojos. A pesar de que muchos legisladores dieron leyes para proteger a los animales como el lince rojo, estas leyes no se cumplen. La gente solía atrapar al lince rojo por su piel. Otros disparaban a los linces rojos por ser molestos, especialmente los ganaderos, porque pensaban que estos felinos estaban atacando su ganado. En realidad, el lince rojo ayuda a los ganaderos, porque se alimenta de

El lince rojo puede sobrevivir si se lo deja en paz.

animales que destruyen las cosechas, como los conejos y los ratones.

El lince rojo es muy parecido al gato doméstico, pero es un animal salvaje. Evita todo tipo de contacto con él, a pesar de que sea hermoso. El lince rojo es un gato salvaje. Entonces, si tienes la suerte de encontrarte con uno, recuerda que puedes mirarlo pero no tocarlo. El lince rojo no es un gato doméstico. Nunca debes intentar tocar un animal desconocido y que no te conoce.

El lince rojo tiene un futuro muy prometedor gracias a su adaptabilidad. No le molesta estar cerca de los humanos, siempre y cuando no lo molesten si lo dejamos en paz, el lince rojo tiene la libertad de ser lo que tiene que ser: un verdadero gato salvaje.

Datos sobre felinos

Nombre: Lince rojo
Nombre científico: *Felis lynx rufus*
Altura al nivel de los hombros: 18 a 26 pulgadas (45 a 66 cm)
Largo del cuerpo: 24 a 42 pulgadas (61 cm a 1.06 metros)
Largo de la cola: 4 a 7 pulgadas (10 a 18 cm)
Peso: Aprox. 38 libras (17 kilogramos)
Color: Pardo rojizo (marrón dorado)
Madurez sexual: A los 2 años
Las hembras se aparean: Una vez cada 2 años
Gestación (periodo de preñez): 62 días
Camada: 1 a 7 gatitos (generalmente de 2 a 4)
Vida social: Vive solo
Comida preferida: Liebre o conejo
Hábitat: Variado. Vive en todo los EE.UU. También el sur de Canadá, el norte de México

Glosario

acechar Cazar o rastrear de manera silenciosa o secreta; generalmente persiguiendo a la presa.
alijar Esconder provisiones.
ayunar Permanecer sin comer por un largo período de tiempo.
carroña Presa muerta que no fue cazada.
cautiverio Ni salvaje ni libre; retirados de su ambiente natural sin poder salir de un área encerrada.
colmillos Los cuatro dientes caninos ubicados en cada uno de los lados de las mandíbulas superiores e inferiores.
dominante El más fuerte.
emboscar Esconderse y luego atacar.
heces Desechos corporales; excremento.
patillas Penachos de pelo muy largo en ambos lados de su cara
vértebra Uno de los huesitos que componen la columna vertebral.

Para más información

Arnold, Caroline A. *Bobcats* (Early Bird Nature Books). Minneapolis, MN: Lerner Publications Company, 1997.
Arnold, Caroline A. *Cats: In from the Wild.* Minneapolis, MN: Carolrhoda Books, 1993.
Hodge, Deborah. *Wild Cats: Cougars, Bobcats and Lynx.* Ontario: Kids Can Press, 1997.
Ryden, Hope. *Your Cat's Wild Cousins.* New York: Lodestar Books, 1992.

Índice

Apareamiento, 10, 17, 23
Caza, 12–15, 18
colas, 6, 21, 23
color, 6, 21, 23
comida, 14–15, 23
cuerpo, 6–7, 21, 23
Depredadores, 19, 20, 22
Gatitos, 18–21
Hábitat, 4, 23
Lince canadiense, 21
Olores, 10,11
orejas, 9
Sonidos, 21
Territorio, 10–11
Vista, 9